e

Anton Mantler

Einsame Elchkuh knabbert an Apfelbäumen

Prosa – Miniaturen und Gedichte

Der Autor folgt in der Regel der alten Rechtschreibung, da er der Meinung ist, daß die sogenannte „neue Rechtschreibung“ vielfach sinnwidrig ist und sich gegen die deutsche Sprache selbst richtet.

Satz und Druckvorlage: Doris Hais, Wien

Dieses Buch wurde digital nach dem neuen „book on demand" Verfahren gedruckt. Für den Inhalt und die Korrektur zeigt der Autor verantwortlich.

Printed in the European Union
ISBN 978-3-85251-177-1

Gedruckt auf umweltfreundlichem, chlor- und säurefrei gebleichtem Papier

www.editionnove.de

Für meine Frau und meine Freunde

Wer möchte nicht lieber durch Glück dümmer als durch
Schaden klüger werden.
(Salvador Dali)

Vorwort

"Laßt euch die Kindheit nicht austreiben. Nur wer erwachsen wird und Kind bleibt, ist ein Mensch.", meint Erich Kästner. Kinder sind noch mit offenen Sinnen unterwegs, leben im Hier und Jetzt und nehmen aktiv und neugierig die geheimnisvolle Welt wahr und in sich auf. Kinder können noch "ganz Auge", "ganz Ohr" sein. Sie spielen mit allem und jedem, sie fragen und hinterfragen alles. Und Kinder wehren sich gegen die Heiligsprechung der berühmten drei Affen: Nichts hören! Nichts sehen! Nichts sagen! Sie sind aufgeschlossen und noch nicht verschlossen und vertrottelt.

Das Kindliche hat sich Anton Mantler bewahrt. Direkt wird es auch in "gerade noch ein glück" angesprochen: "das glück ist ein vogerl/ das pech ein alter mann/ der vergessen hat/ daß er einmal glücklich war..." Die "Kindersprache des Staunens und Fürchtens", die Mantler in einem andern Gedicht bemüht, bringt Wirklichkeit und Vignetten dieser Wirklichkeit immer neu zur Sprache.

Die "prosa-miniaturen" im vorliegenden Band beschreiben und verdichten gewöhnliche und ungewöhnliche Alltagseindrücke, bringen intensiv wahrgenommene und erlebte Augen-Blicke und Ein-Blicke in die Innenwelt und Umwelt zur Sprache.

Starke emotionale Ambivalenzen finden sich in "ehe-blues": "treu sein die liebe ist eine seifenblase/ treu sein die liebe ist eine kostbare vase". Komisch und witzig ist das Gespräch zweier Frauen beim Friseur über pflegeleichte Männer: "meiner ist schon ganz klein ... meinen habe ich nie groß werden lassen".

Anschaulich und konkret sind Erinnerungen an die Kindheit und andere Augenblicke des Verweilens: "mit cousine grete/ im stroh balgen/ versteckenspielen/ in den scheunen/ mit den nachbarskindern". Köstlich die "träumereien": "zu zweit luftschlösser bauen/ zu zweit koffer packen/ zu zweit durch die stadt flanieren/ zu zweit um die wette strahlen". Und das "liebesecho", das also endet: "komm meine süße/ laß uns die kerzen der liebe anzünden/ und das fest der liebe feiern". – Im Gedicht "deine sprache verrät dich" heißt es: "man talkt small/ anstatt gespräche zu führen". Mantlers Miniaturen und Gedichte sind weithin Versuche, die Oberfläche der Wahrnehmungs- und Sprachgewohnheiten darzustellen.

Alfred Kirchmayr

begebenheiten – kleine notizen

zwei damen beim friseur über ihre schon ergrauten ehemänner. die eine: „meiner ist schon ganz klein.“ die andere: „meinen habe ich nie groß werden lassen.“

eine einsame elchkuh wanderte aus dem böhmerwald ins südliche waldviertel ein und knabberte an den apfelbäumen. sie hatte glück im unglück: die jäger hatten keine munition für ihre gewehre.

sah unlängst ein pärchen im volksgarten. sie las „lebenskrise als chance“. er lag in ihrem schoß. sie sprachen kein einziges wort.

beim gang über glühende holzkohle im rahmen eines selbsterfahrungsseminars haben sich vor kurzem mehrere personen die füße verbrannt. die regreßforderungen an die seminarleitung sind noch in verhandlung.

dem neuen leiter des österreich-hospiz in jerusalem gelang es, den iman der gegenüberliegenden moschee zu bewegen, die tonbandaufrufe des muezzins auf ein touristenfreundliches maß zu reduzieren.

beschränkte nähe: zwei hirsche verkeilen sich mit ihren geweihen.

wie viele aschenmänner tragen ihre butten am rücken und alle werfen ihren mist hinein.

der erste weltkrieg war umsonst, franz ferdinand wurde 1922 an einem afrikanischen strand mit einer international bekannten tänzerin gesehen.

ulbricht und honecker meinten: „den sozialismus in seinem lauf hält weder ochs noch esel auf.“
sie hatten nicht mit woytila gerechnet.

king kong in st. margarethen

25 jahre ohne job
was lag näher
als sich einen spaß
zu machen
und im gorilla-kleid
leute zu erschrecken

doch nicht lange
da war er ausgeforscht
und landete im gemeindekotter

torquato tasso

wer nicht leidet
wie ein hund
kann nicht schreiben
wie ein gott
dachte sich goethe
und schrieb sich
seinen frust
mit „torquato tasso“
von der seele

die verschollene katze

als blinder passagier
quer durch frankreich
von west nach ost
das gefiel der katze
mehr oder minder

als sie im osten
aus dem lastwagen kroch
kannte sie sich nicht aus
die landschaft sah
so anders aus
und die laute der menschen
kamen ihr seltsam vor

ehe-blues

fein sein beieinander bleiben
fein sein sich aneinander reiben
fein sein sich noch immer briefe schreiben
fein sein mißmut vertreiben

gscheit sein nicht auswärts grasen
gscheit sein sich nicht erwischen lassen
gscheit sein sich aufeinander verlassen
gscheit sein vorsichtig auf der liebe rasen

treu sein die liebe ist eine seifenblase
treu sein die liebe ist eine kostbare vase

for ever young

oid soll´st ned wer´n
aber die zeit bleibt ned steh´n
für di ned
für de ander´n ned
erfolgreich soll´st sein
und ollaweu jung
wie des z´sam´ngeh´n soll
was kana
aber alle woll´ns
also muß man nachhelf´n
do a wenig
dort a wenig
am schluß hat man sich selber verlor´n

da figl?*) da raab?*)

da figl?
da raab?
na da figl?
na da raab?
do da figl?
da poldl?
da figl poldl?
da figl raab poldl?
na do da figl
da figl poldl?
jo da figl poldl

*) Figl war Außenminister,
*) Raab war Bundeskanzler,
als Österreich den Staatsvertrag 1955 erhielt

ansagen

es hat einmal einen österreichischen bundeskanzler gegeben
der sagte:
„es ist alles sehr kompliziert.“

es gab einen anderen österreichischen bundeskanzler
der kanzler wurde
obwohl er bei den vorhergehenden wahlen
dritter war
und der sagte:
„wenn ich dritter werde,
gehe ich in opposition.“

wenn alfons haider
alfons haider spielt
ist haider drin
wo haider drauf ist

wenn jörg haider
wieder einmal richtig jörg haider spielt
wird es in österreich etwas ungemütlich

ridi bajazzo!

die reichen
sind reicher
die armen
sind ärmer geworden
das verdanken wir
dem lieben himmelvater
und unserer lieben regierung

was hat der muntere alfred
uns alles versprochen

man sollte den herrn
beim wort nehmen

von singenden hofräten und reitenden witwen

singen die hofräte
reiten die witwen
die hofräte reiten die witwen
hofräte und witwen singen
dann schweigen sie
später reiten die witwen die hofräte
die hofräte singen kläglich
ehe sie ganz schweigen
die witwen kichern
die hofräte wollen am liebsten
in den boden versinken
die witwen kitzeln die hofräte
die hofräte singen endlich ihr lieblingslied
wer hat dich du schöne witwe zu fall gebracht
die witwen singen ihr lieblingslied
was kann der hofrat dafür daß er so schön ist
aus schreit´s da aus dem haus
wir wollen mit dieser schweinerei nichts zu tun haben

kafkas traum

mausekot
in die stöckelschuhe
seiner chefin
stopfend
und hoffend
daß der dreck
zwischen ihren zehen
picken bleibe

als er erwachte
dachte er
macht ist geil

gerade noch ein glück

das glück ist ein vogerl
das pech ein alter mann
der vergessen hat
daß er einmal glücklich war

glück ist
wenn sich die sonne schon am morgen zeigt
und man annehmen darf
daß sie einen am tag begleitet

sisyphos war ein glücklicher mensch
camus vielleicht auch
obwohl früh zu tode gekommen

das rezept der krautfleckerl
ging mit tante jolesch verloren
für die die krautfleckerl genossen
gerade noch ein glück

traum, verursacht durch den flug einer biene um einen granatapfel, eine sekunde vor dem aufwachen *)

ich verbiß mich
im traum
in den granatapfel
und bin
mit brummendem schädel
erwacht

das kopfwehmittel
fehlte im nachtkastel

eine fliege
ich hielt
sie im traum
offensichtlich
für eine biene
surrte mir um die nase

*) Titel eines berühmten Gemäldes von
Salvador Dali

freedom´s just another word
for nothing to left to loose (janis joplin)

bist a promi
kannst di leicht
als schwuler outen

oba als normaler
is gar net so leicht
a schwuler zu sein

taube und spatz

herr biedermann
sah nächtens
sehnsuchtsvoll
aufs gegenüberliegende dach

ab und zu
saß darauf
eine wundersam
gefiederte taube

doch sie wollte
partout nicht
auf sein fensterbrett
fliegen
wo tagaus
tagein
ein frecher spatz saß

äffisches

gib dem affen
zucker
boshaft
wie ein aff
zu sich selbst
zu den andern
in affenliebe
ersticken

der aff
und die giraff
da bist du baff

der wahre österreicher

als sängerknabe
geboren und ausgebildet
als lipizzaner
im erwerbsleben
als hofrat in pension

im übrigen
den himmelvater walten lassen
weil er es uns ja so gut meint

da joe

de salami
friß i

den lebakas
friß i

des bier
sauf i

de buttamilch
sauf i net

glaub´st
mir graust vor gor nix

eisdiele

das kleine eis
ohne schlag
serviert signore persönlich

das mittagsradio
im hintergrund
gedämpft
bringt die vorschau
auf ein fußballändermatch

draußen
picken zwei tauben
an einer liegengelassenen
semmel

ein mir bekannter
schauspieler mit strohhut
fast eine tschechow-figur
geht vorbei
und schreit mir
ein servus herein

(Für Ottwald John)

island

nestroy wollte
so wird berichtet
nach island
er ist nie
dort hingekommen
er hielt sich lieber
in den niederungen
der wiener seele auf

laisser faire

das schlimmste
trifft nicht immer zu
die andern
kochen auch nur
mit wasser
es sind schon
hausherren gestorben

und na ja
die trauben sind
mir nicht zu hoch
sondern zu süß

„über jeden verdacht erhaben“ *)

jetzt ist es gewiß:
johann strauß vater zündete
nach einer durchzechten nacht
die sofiensäle an
schlich sich heimlich
nach moskau
und küßte dort
die russische erde

(Für Gerhard Renner)

*) Walzer von Johann Strauß Vater wurden
in den Sofiensälen uraufgeführt

lazarus

in jenen tagen
so kann man
in der bibel lesen
war jesu´ freund
lazarus gestorben

jesus ging zum grab
um zu sehen
was zu machen sei

da sprach einer
aus jesu´ umgebung
er riecht schon
ein anderer
ehrlich gesagt
er stinkt

und jesus
drückte bei sich
augen und nase zu
und erweckte lazarus
zu neuem leben

philemon und baucis
hatten wieder einmal
ordentlich gestritten
zeus drohte ihnen
wenn sie den zank
nicht auf der stelle
beendeten
würden ihnen
aus allen öffnungen
disteln wachsen
darauf ging philemon
zu seinem esel
und ritt mit ihm
übers gebirge
als er zurückkam
war baucis
sanft wie ein täubchen

„deine sprache verrät dich“ *)

die sprache verrät den
der bei freud
vom unterbewußten spricht
und nicht von unbewußten

die sprache verrät den
der von tschuschen spricht
und gastarbeiter meint

man talkt small
anstatt gespräche zu führen

man begeht events
und hat vergessen
feste zu feiern

hölderlin sagte schon
„der menge gefällt,
was auf dem marktplatz taugt.“

*) In der Passionsgeschichte verleugnet Petrus Jesus.
Eine Magd erkennt, daß Petrus zur Jüngerschar Jesu zählt.
„Deine Sprache verrät dich.“

ihr männer...

ihr frauen
seid den männern untertan
befand der apostel paulus

ich aber sage euch
ihr männer
seid den frauen untertan
freßt ihnen aus der hand
setzt alles in gang
um die kinder selbst zu gebären
kocht
wascht
bügelt
von früh bis spät

und vor allem
seid pflegeleicht

kleine wiener topographie

I

armbrustergasse
beingasse
blutgasse
einwanggasse
fingergasse
gallgasse
glatzgasse
haarhof
herzblumenweg
irisgasse
jungferngasse
jungherrnsteig
leberstraße
luftgasse
mandlgasse
markweg
neukräftengasse
schultergasse
wund(t)gasse
zahnradbahnstraße

II

arnikaweg
blattgasse
distelweg
eichenstraße
fingerhutweg
geißfußgasse
im gereute
kirschenallee
laaerwald
maiglöckchenweg
neurissenweg
orichsgasse
pfirsichgasse
quittenweg
resedaweg
schlehenweg
tulpengasse
ulmenstraße
wacholderweg

Wer mit der Zeit mitläuft,
wird von ihr überrannt,
aber wer stillsteht,
auf den kommen die Dinge zu.
(Gottfried Benn)

kurze bilanz des sommers

sonne in den lärm der tage
versponnen wie blumen
in blondes mädchenhaar

oasen von stille
in denen rosen heimlich
aufblühen

mädchen am brunnenrand
still fließt das wasser
schlafende atmen
die kühle der nacht

die vögel
tummeln sich lange noch
über abgeernteten feldern
im abendrot

blick auf eine nächtliche stadt

das gurren der tauben
ist verstummt

schritte kaum hörbar
vorbeihuschende schatten

vereinzelt beleuchtete fenster
müdgebranntes licht

träume tasten engelsleicht
zu den sternen

die banlieues in paris (2005)

erhoben haben sie sich wieder
die auf die seite geschobenen
sie haben autos angezündet
aufruhr und unruhe angezettelt

sie wollen nicht
wie ihre väter straßen kehren
und mülltonnen leeren
und ihre wut stumm
nur für sich behalten

neidhart von reuenthal

unglücklicher barde
des mittelalters
mit neid
und ingrimm
blicktest du
auf das fröhliche treiben
um dich

nebenbuhler
der höflinge
um die gunst
schöner frauen
fremdling
im zwischenbereich
von burg und stadt

du streitbarer
fandst selbst im tod
keine ruh
mit häubelhut
fichst du auf der tumba
von st. stephan
noch deinen letzten kampf
mit deinen ärgsten widersachern
den bauern

auslöschung

ich bin tot
und hör die glocken
tief in der nacht
alles schläft
nur die hunde heulen
irgendwo wimmert
ein kind

ich bin tot
hört ihr
ich bin wolke
ich bin rauch
ich bin stein

bald kommt die flut
und spült mich weg

unablässig

unablässig
werden
gewichtige worte
in die welt
geschleudert

die stille
hat
als marktwert
beständigkeit

nimmersatte liebe

gemach, gemach!
der schlüssel
sperrt das zimmer
der verbotenen liebe zu
eine zigarette noch
ein kuß
mitternachtsmettenlang

meine hände
ertasten deinen körper
und immer enger
heißer werden unsere küsse
du küßt mich
ich küß dich
und nenne dich mit tausend kosenamen

und als der morgen graut
habe ich nur noch
den duft deines parfums
und deine visitenkarte

lyrische miniaturen

grün
die wiese
halm für halm
ich pflücke dir margeriten
herrlich

purpurrot
die rosen
im park nebenan
ich versinke in dir
rückhaltslos

lila
die kuh
abends im fernsehen
ich möchte keine schokolade
hinterher

rosarot
die brille
nur für parteimitglieder
ich stehle mich beschämt
davon

himmelblau
die schlüsselblume
inmitten anderer frühlingsboten
ich rieche sie noch
lange

Diese Gedichtform (Elfchen) umfaßt 11 Wörter, davon findet sich in der ersten Zeile ein Wort (Farbe), in der 2. Zeile 2 Wörter (ein Gegenstand mit Artikel), in der 3. Zeile drei Wörter (genauere Beschreibung), 4. Zeile 4 Wörter (wenn möglich sollte diese Zeile mit ich beginnen), 5. Zeile 1 Wort (Ausdruck einer Stimmung).

variationen zu büchners „woyzeck“

unendlich allein
wie ein stück faul holz
wie ein arm kind
ohne vater
ohne mutter
die stern und sonne
zum herunterfallen
hört woyzeck
ein getös von posaunen
in seinem innern

und „der mond ist wie ein blutig eisen“

memoiren

pilatus diktiert seiner stenotypistin
seine memoiren
sie sollen nächsten herbst erscheinen
er überlegt kurz:
„meine zeit in jerusalem dürfen
wir nicht vergessen.
sie wissen ja, diese sache mit jesus.“

als er die stenotypistin weggeschickt hat
bedrängt ihn wieder die seltsame frage:
„was ist wahrheit?“

toulouse lautrec

der adelssproß
mit den kleinen beinen
und dem übergroßen oberkörper
freund der grisetten
und alkoholiker
versank selbst
viel zu früh
in wahn und suff

es blieben viele bilder
plakatartig
holzschnittartig
nach der kunst
der japaner

god bless america

die selbstmordflugzeuge
die gegen das world trade center rasten
trafen ein land ohne gnade

gnadenlos wird die todesstrafe vollstreckt
gnadenlos werden klimaschutzbestimmungen
mißachtet
gnadenlos wird politik und wirtschaft gemacht
auf den rücken der ärmsten

und doch „gott segne amerika“
das andere amerika
das die gospels besingen
das amerika des martin luther king
der einen traum hatte

Ich male den tod
in den schwärzesten farben
ich male das entsetzen
ich male die angst
darüber male ich
einen hellblauen himmel
und stelle mir vor
das läuten von glocken
an einem schönen frühlingstag
mit sprießenden blumen

Wenn sich wege kreuzen
wird neues sichtbar
wo etwas zu ende geht
gibt es auch einen neuanfang
sichtbar oder unsichtbar
öffnet sich neues
nie dagewesenes

requiem für eine verlorene generation

normandie 1944

während die offiziere sich in paris
vergnügten
saßen die einfachen wehrmachtsoldaten
einer unaufhaltsamen angreiferschar gegenüber
in den gräben und stollen
es war nur eine frage der zeit
wann die front zusammenbrechen würde

wehrlos
kanonfutter
und doch menschen mit hoffnungen
mit angehörigen
die auf sie warteten

viele kamen nicht mehr heim

(Für Burkhard Ellegast)

für die opfer der großen flut

sie waren fortgefahren
mit großen hoffnungen
aus den reichen ländern
an die traumstrände
der armen länder asiens und afrikas
weggeschwemmt wurden sie
wie schwemmgut
manche spie das meer aus
viele sind für immer im schlamm
und in den tiefen des ozeans begraben

und wieder wird sich der regenbogen
über das firmament spannen
auch wenn die tränen der trauernden
lange nicht versiegen werden

träumereien

zu zweit aufblühen
zu zweit luftschlösser bauen
zu zweit um die wette strahlen
zu zweit koffer packen
zu zweit durch die stadt flanieren
zu zweit gedichte lesen
zu zweit mendelsohn-bartholdy hören
zu zweit die alten meister bewundern
zu zweit auf einem einsamen see
im kahn treiben…

arbeit an sich selbst

ich arbeite
an meiner sprache

täglich
schau ich in den spiegel

wöchentlich
geh ich turnen

jährlich sollte ich beichten gehen

(war schon lange nicht)

liebes – echo

du sagst mir immer wieder
du liebst mich
und der klang deiner worte
ist balsam auf meiner seele
die sich oft so fremd fühlt
es ist wie heimat
nach jahren und tagen der entbehrung
es ist wie das rauschen der meereswellen
und es ist wie die taube
die noah ausschickte
das land zu erkunden
das ihm und den seinen wieder geschenkt war

komm meine süße
laß uns die kerzen anzünden
und das fest der liebe feiern

brennende giraffe

pommerland ist abgebrannt
„die worte sind wie pilze vermodert" *)
was ist uns geblieben
die venus von milo
von dali in eine wüstenlandschaft gestellt
die laden aus ihrem körper herausragend
sind leer
leer wie unser wunsch
daß unserem stern noch hoffnung erwächst
woher auch immer

*) Zitat aus Hofmannsthals „Brief an Lord Chandos"

entGEGNung

unsere meinungen
sind eigentlich identisch
es kommt nur auf
die differenzierungen an

der clown

er fällt über die bananenschale
er stolpert über die eigenen beine

aber er steht
nachdem er gefallen ist
wieder auf

manchmal denk ich
an den clown in mir
ärgere mich aber trotzdem
über meine beine
und die bananenschale

(Für Liane Horn)

olga waissnix

im thalhof von reichenau
eingebettet zwischen wäldern
und schroffen berghängen
in einem talende
lebte um 1900
die schöne wirtsfrau olga
sie war herrn arthur sch.
aus wien zugetan
so mancher brief
der erhalten ist
zeugt von einer liebe
die nur knospen trug
und nicht zur reife gelangte

schloß rothschild in reichenau

der baron
stellte seinen protzbau
im loire-stil
neben die eher
bescheiden geratene sommerresisdenz
der habsburger
und zeigte
wo geld vorhanden
oder wie man im volksmund sagt
wo der bartl den most holt

poet und muse

I

skulptur
in reichenau an der rax

zwei holzblöcke
bildhauerisch gestaltet

jedem poet
seine muse

und der poetin
einen musensohn
oder?

II

henrik ibsen
nannte dichten
gericht halten
über sich selbst

als er das vorbild
für hilde wangel
in „baumeister solness“
im tiroler gossensass traf
stockte ihm der atem

das urteil über sich selbst
ließ einige zeit auf sich warten
und war milde

hiroshima

die zehnjährige
sadaki sasaki
1955 an leukämie erkrankt
aufgrund des atombombenabwurfs
über hiroshima
faltete immerfort kraniche aus papier

wenn sie 1000
von ihnen gefaltet hätte
sollte ihr
so glaubte sie
ein wunsch in erfüllung gehen
der wunsch zu überleben

ende oktober 1955
erlag sie ihrem leiden

andere traten an ihre stelle
und falteten die papierkraniche
mit dem wunsch
nie wieder hiroshima

der hahn *)

als petrus
in rom
wie einst
sein meister
zum tod am kreuz
verurteilt war
erinnerte er sich
an jerusalem
wie er jesus
dreimal verleugnet hatte
und er weinte wieder
diesmal aus erleichterung
nicht aus scham

*) Ehe der Hahn kräht, wirst du mich dreimal verleugnen. Und er ging hinaus und weinte bitterlich.

Mt. 26/75

danton *)

puppen sind wir
von unbekannten gewalten
am draht gezogen

der mann am kreuz
hat sich´s bequem gemacht

wir sind nichts als bluttropfen
die welt ist das grab
worin es fault

*) Alle Textpassagen sind Originalzitate aus
Büchners „Dantons Tod“

auf den wassern zu singen *)

spiegelnd schimmernde wellen
rund um den kahn
wipfeln im westlichen hain
seltsam entschwindende zeit
die seele gleitet dahin im abendrot

die zeit
ach die zeit
ist ein wundersam ding

*) Textmontage nach Friedrich Graf Stolberg
und Hugo von Hofmannsthal

ein lot im see

auf dem wasser zu singen
auf dem wasser zu singen
auf dem   singen
auf dem   singen
auf dem   ser   singen
auf dem   singen
auf dem   singen
auf dem wasser zu singen
auf dem wasser zu singen

*) Visueller Text nach Schubert

imagine

stell dir vor
eine welt
ohne haß
ohne kieg
ohne bomben
ohne umweltverschmutzung
mit regenwäldern
mit üppigen landstrichen
und menschen
die alle zu essen haben

orientierung

I

den sinn
verloren

den ort
des neuanfangs suchen

das wort
das halt gibt
sagen

für unsere sehnsüchte
ein ziel finden

und sei es
nur für einen augenblick

II

ich bin unterwegs
immer wieder
immer noch

die zähne zeigen
ist ab und zu
nicht schlecht
auch wenn sich im gebiß
eine kleine unregelmäßigkeit
eingeschlichen hat

ich möchte ein ganzer kerl sein
topp, es gilt

bilder aus der kindheit

I

mit dem bruder
sandburgen bauen
nachbarbauern spielen
„bei enk und bei uns“
mit der schwester
den christbaum schmücken
ins kunsthistorische
nach wien fahren
und dort
den bauern-breughel
bewundern
mit cousine grete
im stroh balgen
versteckenspielen
in den scheunen
mit den nachbarskindern

II

wie ist das
wenn die kinderfrau
die bluse öffnet
und den achtjährigen
ihre brüste
berühren läßt

für den achtjährigen
hat ein neues zeitalter
begonnen

und er erinnert
sich heute noch als
sechzigjähriger
daran

III

1958 war die erste fußball-wm
an die sich
der heute sechzigjährige erinnert
didi pele waren die großen stars

die österreicher
spielten eher
eine randerscheinung

heute sieht der sechzigjährige
nur noch gelegentlich
ein fußballmatch

seine interessen
sind heute wo anders
gelegentlich aber
nimmt ihn die erinnerung
mit auf eine reise

ödipus

auf augenhöhe
mit dem vater
eben aus dem krieg
zurückgekehrt
beschließt er
in sich zu gehen
und die tat
die zu begehen
er beabsichtigte
aufzuschieben

(Für August Tischlinger)

michaelerkirche

vorn am hochaltar
der engelsturz

staunen
ehrfurcht
stille
empfängt dich

die opferkerzen
beim kircheneingang
flackern unruhig

in einer seitenkapelle
wird des hahnenschwänzlers
dollfuß gedacht
und der kz-opfer von dachau

herbert wem gehst zu ab?

herbert thalhammer
am 29. 10. gestorben

offensichtlich keine anverwandten

nur eine anzeige in der zeitung
mehr nicht

herbert wem gehst du ab?

wenn der baustein zum eckstein wird

von den bauleuten verworfen
zum eckstein geworden

von seiner firma freigestellt
brach für den 55jährigen
zunächst eine welt zusammen
bis er entdeckte
daß das leben
auch andere seiten hat
und nicht alles in der welt
käuflich ist

hunger in der welt

einst reichten fünf brote
und zwei fische
für mehr als tausende
bei der wunderbaren brotvermehrung

heute könnten die satten
und übersatten
die millionen hungernden der welt
von ihrem überfluß sättigen

wenn sie nur wollten

godot kommt nicht

stalin hitler oder milosevic
wie sie alle hießen
die die geschichte
des vergangenen jahrhunderts
mit blut geschrieben haben
noch die ayatollahs
und die ratzingers
oder andere
selbsternannte gurus
können darüber hinweg täuschen
daß godot nicht kommt

wir müssen uns selbst
aus dem sumpf herausziehen

Anton Mantler

Geboren 1947 in Großriedenthal/NÖ, lebt seit 1969 in Wien, Studium der Theaterwissenschaft und Kunstgeschichte an der Universität Wien, 1976 Promotion zum Dr. phil., von 1983 bis Februar 2007 Theaterreferent und wissenschaftlicher Mitarbeiter der Wienbibliothek im Rathaus. Nunmehr Autor und Flaneur.

Besondere Interessensgebiete sind das österreichische Biedermeier und Literatur der Romantik sowie Poesie der Weltliteratur von Homer bis Pessoa.

Bisher vorwiegend Publikationen auf wissenschaftlich-essayistischem Gebiet. Literarische Veröffentlichungen in Zeitschriften und Anthologien sowie die Gedichtbände „Rouge et Noir" (1997) und „Wege – Zeichen. 1993 – 2004" (Edition Va bene, 2004).

Anmerkung zur Seite 10: Neidhart von Reuenthal, ritterlicher Minnesänger, lebte etwa 1180 - 1250

Alfred Kirchmayr

Geboren 1942 in Weistrach (NÖ), lebt in Wien. Studium der Psycholgie, Soziologie und katholischen Theologie (Dr. phil. Dr. theol.), unter anderem Mitarbeiter Ferdinand Klostermanns, Kooperation mit Erwin Ringel (gemeinsame Veröffentlichung des Bestsellers „Religionsverlust durch religiöse Erziehung", 1985). Seit 1976 Psychoanalytiker in freier Praxis, seit 2000 Lektor für Psychologie (Fachhochschule St. Pölten, Lehrgang Sozialarbeit). Letzte Publikation: „Witz und Humor. Vitamine einer erotischen Kultur" (2006).

Inhalt

Vorwort 7
begebenheiten – kleine notizen 9/10
king kong in st. margarethen 11
torquato tasso 12
die verschollene katze 13
ehe-blues 14
for ever young 15
da figl? da raab? 16
ansagen 17
wenn alfons haider 18
ridi bajazzo! 19
von singenden hofräten... 20
kafkas traum 21
gerade noch ein glück 22
traum, verursacht durch den flug... 23
freedom´s just another word... 24
taube und spatz 25
äffisches 26
der wahre österreicher 27
da joe 28
eisdiele 29
island 30
laisser faire 31
„über jeden verdacht erhaben“ 32
lazarus 33
philemon und baucis 34
„deine sprache verrät dich“ 35
ihr männer... 36
kleine wiener topograhie I + II 37/38
kurze bilanz des sommers 41
blick auf eine nächtliche stadt 42
die banlieues in paris (2005) 43
neidhart von reuenthal 44
auslöschung 45

unablässig	46
nimmersatte liebe	47
lyrische miniaturen	48/49
variationen zu büchners "woyzeck"	50
memoiren	51
toulouse lautrec	52
god bless america	53
ich male den tod	54
wenn sich wege kreuzen	55
requiem für eine verlorene generation	56
für die opfer der großen flut	57
träumereien	58
arbeit an sich selbst	59
liebes - echo	60
brennende giraffe	61
entGEGNung	62
der clown	63
olga waissnix	64
schloß rothschild in reichenau	65
poet und muse I + II	66/67
hiroshima	68
der hahn	69
danton	70
auf den wassern zu singen	71
ein lot im see	72
imagine	73
orientierung I + II	74/75
bilder aus der kindheit I – III	76/77/78
ödipus	79
michaelerkirche	80
herbert wem gehst du ab?	81
wenn der baustein zum eckstein wird	82
hunger in der welt	83
godot kommt nicht	84
Kurzbiographie – Dr. Anton Mantler	85
Kurzbiographie – Dr. Alfred Kirchmayr	86